AF267112

LA

CONTRE-RÉVOLUTION.

LA
CONTRE-RÉVOLUTION

AVIS

AUX ARISTOCRATES DE TOUTES LES OPINIONS

PAR

EUGÈNE FERRIEUX

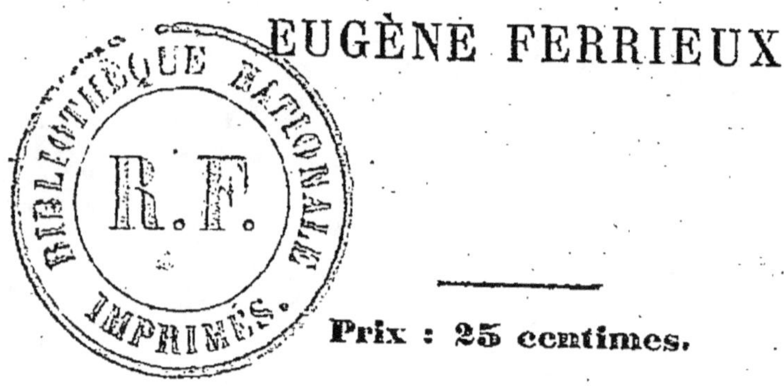

Prix : 25 centimes.

PARIS

CHEZ TOUS LES LIBRAIRES

1848

LA CONTRE-RÉVOLUTION.

———

Il n'y a guère qu'un mois que la royauté de juillet déracinée par la main robuste de l'ouvrier a fait place à la souveraineté du peuple. La tyrannie semble à jamais exclue du sol de la France : la

liberté sera désormais notre guide, et la république, le gouvernement tutélaire qui abritera tous
les cœurs des bons Français; c'était au jour fa-
meux des barricades le vœu du vrai citoyen, ce
fut plus tard son cri unanime.

Ce cri s'est étendu d'un bout de la France à
l'autre; partout il a trouvé un glorieux écho, et les
soldats de nos provinces ont, comme à Paris, fra-
ternisé avec leurs compatriotes.

C'est que ce mot de république a quelque
chose en lui qui, en rappelant la liberté, réveille
aussi le premier besoin de l'homme et le plus
noble sentiment de sa dignité.

C'est que l'oppression qui tombe, la tyrannie
qu'on proscrit, est une joie pour toute âme qui
pense librement et qui veut agir comme elle
pense.

Mais cette tyrannie déchue, cette liberté recouvrée, cette république proclamée de nouveau, est-ce un bien réel? n'est-il pas dangereux de briser tout à coup, de renverser brutalement ce que tant d'hommes ont si longtemps adoré? ne fallait-il pas ménager un peu l'hydre qui étouffait, il est vrai, les hommes par masse, mais qui nourrissait en même temps, en les engraissant du sang de leurs frères, ses enfants de prédilection?

Ceux qui ont été les enfants de prédilection pourraient avoir cette pensée, et nous savons même qu'ils le pensent dans leur cœur; mais nous, mais les bons citoyens, nous n'aurons jamais une telle idée, et nos bras sont acquis à la patrie pour lui servir de garants.

Je me propose aujourd'hui d'éclairer le peuple sur le genre de politique que semblent avoir pris les aristocrates de toutes les opinions, les sommités financières, comme on dit, dans le but d'entraver les desseins de la république, et de détruire par là tout l'effort de notre glorieuse révolution.

Cette politique, elle est connue d'un grand nombre de personnes, et je n'ai point la prétention d'apprendre quelque chose de nouveau à la plupart; mais après avoir mis le peuple en défiance contre les projets coupables, il est bon aussi de lui montrer les résultats possibles de ces attentats, de lui donner l'idée de ses forces et des secours qu'il a le droit d'attendre, afin que son courage étant toujours en éveil, il ne soit point trahi au jour de l'action.

Parmi ceux dont je parlais tout à l'heure, il y a d'abord les philippistes ; je dis d'abord, parce que cette sorte de gens se trouvant tombés tout à coup de leurs prétentions ont encore de la peine à perdre l'espérance de recouvrer leurs places, leurs honneurs ou leurs pensions. Cette première catégorie contient un grand nombre de pairs, de

députés et de hauts fonctionnaires. La république, en les nivelant à la mesure des autres citoyens, les tient comme en champ-clos, et il n'est
point de manœuvres qu'ils n'inventent, point de
machinations qu'ils ne soient prêts à accepter,
pour peu qu'on leur montre une réussite. La
France a vu, par les excès de ces hommes, tout ce
qu'elle peut craindre de leur lâche égoïsme.

Il y a les légitimistes qui, pendant ces dix-sept
dernières années, ont épié le moment de rendre
le trône à la branche aînée, qui se sont mêlés à
toutes les émeutes, à tous les mouvements, tâ-
chant d'en profiter pour leur parti : lâches citoyens qui auraient arraché la couronne de la tête
du tyran Philippe pour la placer sur celle d'un
autre tyran. En ôtant aux Guizots le pouvoir d'hu-
milier la France, ils auraient maîtrisé le peuple
sous le régime dégradant du moyen âge. Aveu-
gles, très-aveugles ces vieux barons qui ne voient
pas que nous connaissons toutes leurs ignobles

menées, que leur règne, à eux aussi, est passé pour toujours.

Philippe et Henri V, perdez tout espoir de revenir trôner par ici ; vous n'êtes plus rien pour nous ; vous n'êtes pas même citoyens français. Si vous voulez savoir ce que vous avez à attendre, demandez au gamin de Paris : « *La France en sait « trop maintenant pour se raccrocher à aucune « branche.* »

Il y a les bonapartistes : ceux-là du moins nous rappellent une grande gloire issue d'une grande révolution ; leur cause se rattache à un nom illustre dans l'armée et dans la politique, au plus grand génie des temps modernes, au général invincible qui ne dut sa perte qu'à une ambition démesurée trahie par ceux qui auraient dû rester ses plus fidèles serviteurs. La France, si elle ne voulait être libre, si elle n'avait juré d'étouffer le despotisme à quelque titre qu'il se présente, retournerait plus volontiers peut-être à l'obéissance de Napoléon; mais ce n'est plus le temps : ce qui s'est fait autrefois ne saurait se refaire aujourd'hui ; car le peuple est un artiste infatigable, qui, pour arriver à la composition de son ouvrage, essaie toutes les méthodes, emploie tous les moyens, tente toutes les voies, jusqu'au moment où l'appréciation ayant formé son jugement, il revient sur ses pas ou poursuit une route commencée. La royauté nous a régis pendant près de quatorze siècles ; son oppression amena sa chute : l'arbre avait été beau jadis, il avait résisté aux guerres civiles et aux invasions de l'étranger; mais il ne put rester debout devant l'inflexible ardeur de nos pères, enthousiastes d'un régime nouveau, inconnu de liberté et d'égalité.

Cette ère passa sur la France avec ses vertus et ses vices : Les événements se succédèrent avec rapidité, maîtrisés qu'ils étaient par l'homme providentiel, étonnant, qui changea la face de la

France et de l'Europe entière. Les citoyens, en admiration devant son génie et rebutés d'ailleurs des excès que certains hommes avaient fait peser sur la France, se confièrent à sa bonne étoile et le proclamèrent empereur. L'empire restera une des époques les plus glorieuses de notre histoire. Le despotisme cependant entravait la liberté, et voilà pourquoi la suprême puissance est à jamais odieuse au peuple essentiellement libre.

Et puis, pourquoi dissimuler? admettons que les circonstances présentes seraient une bonne fortune pour le vainqueur de Marengo, qu'il pourrait puiser dans son génie les moyens nécessaires à faire prospérer la France, qu'il saurait la rendre riche au dedans, grande à l'extérieur; faudra-t-il admettre, comme conséquence, que son frère ou son neveu auront en eux les mêmes ressources; voit-on que les liens du sang soient garants des mêmes talents; et n'arrive-t-il pas, au contraire, que les membres d'une même famille sont rarement semblables en vertus ou en vices ?

J'insiste là-dessus, car je sais qu'il existe en cette matière de nombreux préjugés. Je ne parle point de ceux qui sont républicains de cœur ; ceux-là rejettent tout ce qui passe le niveau en fait de puissance ; mais parmi ceux qui n'ont qu'une demi-conviction il n'est pas rare de trouver des gens épris d'un nom, d'un titre, en telle sorte qu'ils étendent leur culte à tout ce qui a la même dénomination. S'ils ont bien lu ces lignes, ils pourront, aidés de leurs propres réflexions, voir que rien n'est plus trompeur que les vertus de race, et tomberont d'accord, j'en suis sûr, que dix familles de Napoléon pourraient exister sans produire un seul empereur des Français.

Je prie le lecteur de considérer que je parle aux masses ; un grand nombre d'ouvriers, je pourrais dire la plupart, connaît et apprécie chacune des opinions que je viens de tracer ; mais il s'en trouve certains qui les ignorent ; et, n'y eût-il qu'un seul ignorant, je me ferais un devoir de l'éclairer.

Ainsi, philippistes, légitimistes, bonapartistes, voilà ceux qui tendent à la contre-révolution, qui inquiètent le gouvernement que le peuple s'est donné provisoirement, qui troublent l'ordre public et tâchent de renverser une constitution à peine assise sur ses bases.

De quelle manière ? je vais la dire.

J'ai encore à parler de nouveaux perturbateurs qui n'appartiennent à aucune des opinions mentionnées, qui ne sont d'aucune couleur, qui n'ont aucune affection si ce n'est celle de l'argent. Je dirai plus tard comment ils se rattachent aux contre-révolutionnaires, et de quelle manière ils ruinent la chose publique en voulant sauver leur intérêt particulier.

Chose étrange ! ceux qui, hier encore, étaient les élus d'un gouvernement corrompu se disaient l'élite du peuple français ; ils s'imaginaient faire à eux seuls la force morale et le nerf de la nation : ils en sont aujourd'hui les plus mauvais citoyens ! eux qui croyaient impossible le réveil du peuple ouvrier, cette race ardente et forte, ils se sont vus tout à coup brisés par lui et mis à son niveau : ils avaient refusé de croire à son égalité et ils ne veulent point croire à sa noblesse !

Et voilà que tous ces hommes, différents d'idée en fait de gouvernement, se coalisent pour renverser le gouvernement républicain. Pourquoi ? uniquement parce que c'est le gouvernement du peuple, créé par le peuple et pour le peuple. S'ils parvenaient à leur but, on les verrait bientôt divisés d'intérêt, élever de nouvelles oppositions à la secte dominante ; le jour de leur victoire serait celui de leur désunion ; aucun d'eux ne ferait à l'autre le sacrifice de son idée ; et la France se verrait de nouveau ensanglantée par la haine des partis : affreux malheur que la république peut *seule* éviter.

Je ne voudrais point prêcher la haine ; encore moins ameuter les masses contre les particuliers ; dire au peuple de février qu'il a une vengeance à exercer contre des compatriotes, contre des ci-toyens désarmés, vouloir le pousser à l'insurrec-tion, au désordre, au pillage, au milieu des efforts que font les chefs du gouvernement pour faire ré-gner le calme, ce serait méconnaître la noblesse des sentiments populaires ; bien plus, ce serait outrager la fierté de son courage, à ce peuple qui a montré tant de modération dans sa victoire, et dont la probité a fourni des exemples d'un si haut enseignement.

A Dieu ne plaise que je veuille, en réforma-teur sanguinaire, ressusciter l'ancien temps de la terreur : Robespierre ne fut jamais mon oracle ;

c'était à sa manière un despote de nouveau genre,
despote tyrannique dont la cruauté faisait trem-
bler les plus honnêtes citoyens jusque dans le fond
de leurs demeures. Je ne veux point d'un gouvernement terrible ; le seul gouvernement qui con-
vienne à des hommes libres, c'est la même règle
pour tous, la même justice pour tous, à l'exclusion
des priviléges. Voilà ce que nous voulions au
24 février, et ce qui nous sera maintenu par la sa-
gesse de la République.

Je sais bien que ce régime d'égalité ne plaît pas
à tout le monde, que l'intrigue et l'ambition
trouvent mieux leur compte sous un gouvernement arbitraire où la corruption a toujours à ga-
gner, où les habiles, après être parvenus au som-
met des honneurs, abaissent sur le peuple un œil
de mépris du haut du mât de cocagne où ils sont
arrivés en se servant de l'infamie pour échelons.
Mais devant l'intérêt général, point de prétentions
particulières : elles sont toujours odieuses au

pays. Ce qu'il faut aujourd'hui, c'est l'union parfaite de toutes les forces, c'est l'adhésion de toutes les volontés, c'est pour chacun le sacrifice absolu de ses vues ambitieuses ; le *moi* doit ici complétement disparaître ; c'est, en un mot, le concours de tous les citoyens au grand œuvre de la constitution nouvelle.

Nous connaissons tous les infâmes concussions de l'ancienne royauté, avec quelle ingénieuse rapacité elle enlevait à la France le produit de son labeur, avec quelle stupidité elle prodiguait cet argent dont elle avait ainsi dépouillé le possesseur ; nous savons dans quel état déplorable elle a laissé nos finances : la banqueroute était imminente, elle était à nos portes, ce qui n'empêchait pas les ministres, ces sangsues publiques, d'affirmer chaque année que les finances étaient en voie d'amélioration ; nouveau document qui sera enregistré par l'histoire, et qui montrera aux siècles suivants la profonde scélératesse de ces menteurs effrontés, en même temps que l'abîme dont nous sommes échappés.

Comment un gouvernement nouveau pourrait-il aussitôt satisfaire à toutes les exigences, venir en aide aux besoins même les plus pressants lorsqu'il arrive après de si fortes secousses, lorsqu'il a sa base principale sur ces débris mouvants? La base principale d'un gouvernement nouveau c'est l'argent, sa première assise c'est le bon état des finances et la prospérité du commerce; deux conditions qui se commandent l'une l'autre, et dont la seconde ne peut guère exister sans la première.

Considérons toutefois que l'interruption du cours d'argent, que la baisse des affaires commerciales est presque une nécessité dans ces sortes de bouleversements; chacun est dans une espèce de défiance, et ce n'est pas la première fois que ce malheur a pesé sur notre patrie.

En 1830 aussi le commerce fut en souffrance, les travaux furent interrompus pendant quelque temps ; effectivement la crise fut de moindre durée, parce que le désordre du moment fut aussitôt couvert par un gouvernement tout prêt, gouvernement hypocrite qui parvint, au moyen de déceptueuses promesses, à retenir le noble élan des citoyens, et leur fit crier victoire, alors qu'on allait les plonger dans un gouffre plus profond de tyrannie.

Il n'en va pas de même aujourd'hui : le peuple a été trompé trop souvent ; il est impossible qu'il se livre de nouveau à la flatterie ; il a sa victoire, il l'appuie sur la conscience de son droit, il la tient fermement, et rien ne saurait lui donner le change sur ses véritables intérêts. Ce qu'il lui faut, c'est du travail ; un travail bien organisé, salutaire, assuré ; ce qu'il faut au pays, c'est la confiance de tous les Français, une confiance que j'appellerai filiale, dans l'intérêt de tous, des riches comme des travailleurs.

Voyez pourtant ce que vous faites, riches aristo
crates, hommes inconséquents ! Au lieu de faire
naître la confiance publique en vous montrant
confiants vous-mêmes, vous affichez une défiance
exagérée, déraisonnable, et vous refusez ainsi
votre concours à la chose publique.

Que se passe-t-il, en effet ? Paris voit tous les
jours déserter ses plus riches citoyens, en masse
ou isolément ; les uns se retirent à la campagne,
les autres vont faire un voyage d'agrément à l'é-
tranger, tous emportent un espoir aux divers
genres d'industrie ; d'autres font cesser des travaux commencés, suspendent leurs achats, affa-
mant ainsi l'ouvrier en le privant de son travail :
il en est même et en très-grand nombre qui aug-
mentent le nombre des malheureux en retran-
chant de leur maison de fidèles serviteurs qui les
avaient servis peut-être depuis dix ou quinze
ans !....

Est-ce ainsi que doivent agir de bons citoyens ?

vous êtes libres, je le sais, d'user de votre fortune selon qu'il vous plaira; c'est là un droit que vous puisez dans notre gouvernement; mais n'y a-t-il pas des circonstances où personne n'a plus de liberté que celle de faire le bien et d'être tout à son devoir ? Votre devoir en ce moment, c'est de vous rendre utiles à la patrie, c'est de faire comme le peuple.

Car le peuple, lui, comprend bien la position présente : il sait que le trésor est obéré, que les finances sont en mauvais état, et il n'hésite pas un seul instant à venir, dans la mesure de ses forces, au secours de la nation. Voyez plutôt dans toutes les rues, sur tous les murs de la capitale, ces nombreuses proclamations d'ouvriers imprimeurs, lithographes, menuisiers et de tous les corps d'état : ils se réunissent en société, s'encouragent entre eux et rivalisent à qui fera le plus pour la patrie. Ils n'ont pas d'argent, mais ils ont des bras, et ils verseront à l'emprunt national le produit d'une journée de laborieuses fatigues.

Je ne veux point faire de personnalités ; mais je demande qui des riches ou du peuple ouvrier sait le mieux compâtir au besoin général, qui du riche ou du peuple ouvrier a le mieux mérité de la patrie ? Je sais qu'il y a parmi les premiers de beaux et nobles dévouements, et j'en connais qui n'ont point été sourds à la voix du gouvernement provisoire ; mais ce ne sont que de rares exceptions, tandis que c'est la totalité du peuple qui donne un tel exemple de désintéressement.

J'ai dit ailleurs qu'un grand nombre de personnes sans opinion tranchée du reste concouraient, soit à dessein, soit à leur insu, à miner la confiance, base du gouvernement républicain ; je les appellerai *alarmistes*, *trembleurs*, de tout autre nom, si l'on veut, pourvu qu'on s'entende sur la chose et que chacun sache que ces gens ont peur, qu'ils accréditeraient au besoin les bruits de terreur qui circulent dans certaines classes de la société, au nom de république.

En effet, il existe en France et surtout dans nos provinces des milliers d'hommes qui ne peuvent séparer le mot *république* d'avec l'idée de *révolution, bouleversement, persécution des prêtres, abolition du culte religieux, érection de guillotines, effusion du sang* ; idée absurde dont l'avenir seul pourra montrer toute la stupidité.

Un journal plein de sens le disait l'autre jour : « On ne peut nous faire rétrograder d'un demi-siècle, la nation de 1848 est supérieure en lumières à celle de 1789. » J'ajouterai qu'elle lui est surtout supérieure en expérience.

Examinons franchement les événements, et abordons-les avec sincérité : Les cabales dont je parlais tout à l'heure ne sont que très-superficielles ; nulle comparaison avec la lutte ancienne de l'aristocratie contre le peuple ; c'était pour la première fois en France que l'on voyait ces idées au peuple ; jamais le tiers-état, comme on l'appelait, n'avait montré des prétentions aussi hautes, aussi fortes ; on n'y croyait même pas, il était égaré, disait-on. Les titres comme les priviléges étaient chose sacrée, inviolable ; et la noblesse se croyait si fort au-dessus du reste des hommes qu'elle ne supposait pas qu'une lutte fût possible entre eux et elle. La lutte arriva cependant, et elle fut terrible : des hommes du peuple étant parvenus à saisir le pouvoir qui, jusque-là, avait été aux mains des privilégiés, en usèrent d'abord avec modération : c'étaient les éclairés ; puis l'ambition, ayant fait invasion sur les masses, chacun se crut souverain exclusif, chacun voulut dominer, et c'est cette domination qui amena l'irritation des esprits, les excès funestes que nous avons déplorés depuis soixante ans, et la perte du gouvernement républicain.

En même temps la noblesse fomentait des complots, elle armait des partis, elle préparait des armées commandées par les princes de l'ancienne famille royale ou par leurs partisans ; des provinces entières se levaient contre les troupes de la république et lui opposaient une résistance opiniâtre. Voilà ce qui aiguisa les glaives meurtriers, voilà ce qui fit dresser les guillotines, ce qui fit fermer les églises, proscrire les prêtres attachés à la cause de la noblesse et répandre le sang par torrent.

Mais aujourd'hui, quelle différence ! la république est proclamée de toute part, le France se lève comme un seul homme et salue avec transport l'ère nouvelle de la liberté.

Disons-le donc une bonne fois à tout le peuple parisien, disons-le à la France tout entière : La république de 1848 n'est pas la république de la terreur ; le peuple qui l'a faite nous a donné dans sa modération la garantie de l'avenir ; loin d'être le renversement de l'ordre, elle est le maintien de toute bonne constitution ; le maintien de la religion, de la propriété, de la justice et du droit de tous : c'est le règne de la liberté ; mais de la liberté bien entendue, large, grande dans toute son acception.

Je voudrais avoir, en ce moment devant moi, tous les mauvais citoyens de la France, et je leur parlerais ainsi :

Citoyens-frères,

Nous sommes tous enfants du même pays, et nous devons tous concourir au salut de la constitution, notre mère commune. Au lieu de renvoyer vos domestiques et de les livrer au désespoir dans ces circonstances difficiles, attendez encore quelque temps, et voyez si vous ne pourrez plus faire pour eux demain ce que vous faisiez hier ; au lieu d'enfouir dans la terre des trésors que vous rendez inutiles, employez-les au secours de l'État ruiné par un gouvernement avide et corrompu ; au lieu de fuir, comme des lâches, le champ d'honneur, restez au milieu du combat et montrez-y votre courage et votre dévouement, au lieu d'alarmer les faibles par une apparence de crainte ; montrez-vous forts et osez avoir confiance dans les hommes énergiques qui sont à notre tête ; au lieu d'affamer le travailleur en lui retirant le morceau de pain que ses sueurs prélevaient de votre somptuosité, donnez-lui de quoi se nourrir par son travail, occupez ses bras, occupez son esprit, où vous pourrez alors concevoir de justes craintes.

Car on voudrait en vain se faire illusion : des millions d'hommes en France tirent leur subsistance du travail *tout seul* : chaque jour amène son pain, et une semaine d'inaction est une semaine de misère : si les travaux manquent, l'inaction continuera, si l'inaction continue, la misère; et avec la misère le désespoir, l'irritation, l'envie : voilà la porte ouverte à toutes les passions... Poursuivez... quelle sera la conclusion?

La conclusion sera terrible pour vous, et voilà ce qui fait la gravité de votre responsabilité. Un peuple au désespoir n'a plus de bornes, il n'en peut plus avoir. Vous dites : le Peuple m'arrache mes honneurs, mes dignités; eh bien ! je vais lui retirer le commerce, et avec le commerce le travail de ses ateliers; je vais l'affamer dans son Paris; et lorsqu'il sera dans cette position il sera trop heureux d'avoir recours à moi et d'accepter la constitution que je lui donnerai. Insensés! tel n'est pas le peuple français! Si vous vous retirez de lui, il saura en appeler à sa dignité de peuple, il tâchera jusqu'au bout de se suffire à lui seul; puis, lorsque le bout sera venu, lorsque ses ressources seront épuisées et qu'il se trouvera devant la nécessité, alors il ne reculera pas, il ira vous chercher dans vos châteaux, et... c'est vous qui l'aurez voulu.

Mais loin de nous ces prévisions funestes, elles attristent l'âme encore plus qu'elles n'éclairent l'esprit. Le général Foy le disait du haut d'une tribune célèbre : « Il y a de l'écho en France, toutes les fois qu'on fait entendre les mots d'honneur et de désintéressement. » J'ai vécu à différents titres dans cette classe de la société à laquelle aujourd'hui j'adresse mes observations, et je ne crois pas y avoir jamais mérité la réputation de terroriste. J'effraie pour empêcher une frayeur plus réelle. J'expose seulement les résultats probables de la mauvaise politique que semblent avoir adoptée, comme je le disais au commencement, les aristocrates de toutes les opinions. Je m'efforce de montrer que cette politique est maladroite, qu'elle tournerait contre eux premièrement, en même temps qu'elle pourrait tourner par la suite contre l'honneur du nom français.

Avis donc aux déserteurs opulents : leur présence est nécessaire, et pour le commerce et pour le calme de l'ouvrier ; elle est nécessaire pour leur honneur en particulier et pour la sûreté de leurs domaines. Le peuple qui a versé son sang pour la défense de la liberté est prêt à le verser encore pour obtenir justice et pour réprimer les abus. La justice, il l'attendra avec patience, tout en manquant du nécessaire : mais s'il souffre courageusement pour l'obtention d'un droit, son irritation ne tiendra pas contre la malveillance. « A cette « heure, ceux qui marchent contre la Révolution, « ouvertement ou sourdement, commettent un « crime de lèse-humanité. »

Je viens d'exposer la politique que des hommes à mauvaises passions voudraient élever contre le gouvernement. La contre-révolution, on l'a vu, n'est rien autre chose que la méfiance. C'est la méfiance qui, en donnant gain de cause à toutes ces terreurs imbécilles que j'ai signalées, ruine le

commerce et nous met tous dans une position fâ-
cheuse. Eh bien ! il faut que la méfiance cesse, il
faut que la confiance règne ; et j'en appellerai encore aux riches de Paris : La force du peuple vous
met dans l'impossibilité de tenter rien de fruc-
tueux contre la République ; il sait l'influence que
vous pouvez exercer sur sa destinée présente par
vos richesses ; mais il connaît sa puissance, il ne
faiblira pas dans la route de son progrès, et loin
de reculer jamais, il s'avancera d'un pas ferme
contre les intentions perverses : « Il saura déjouer
« les projets des ambitieux et la révolte des fous. »

Voilà ce qu'il convenait de dire à chacun pour
son instruction : au peuple, qu'il est fort, et
qu'il sera invincible, c'est-à-dire souverain, tant
qu'il aura à sa tête des hommes d'un caractère
énergique, incorruptible, d'une lumière supérieure, d'une expérience éprouvée ; aux riches,
aux nobles, aux mécontents que leurs sourdes
menées n'aboutiront à rien de sérieux contre un

gouvernement fondé sur le courage du peuple, que leur intérêt autant que leur devoir les oblige à concourir au bien général, que le gouvernement républicain étant la souveraineté de chacun, en telle sorte qu'un citoyen ne peut pas dire à l'autre : « tu es plus souverain que moi, » il offre dans sa constitution même une garantie pour les personnes et pour les propriétés.

Que les riches imitent donc le peuple ; s'ils ont été devancés par lui, qu'ils récompensent en largesses ce qu'ils ont perdu en dévouement ; qu'ils cessent ces nombreux renvois de domestiques ; qu'ils fassent continuer les travaux qu'une panique leur a fait interrompre ; qu'ils créent même de nouvelles occupations aux travailleurs ; qu'ils rentrent dans leurs hôtels et dans leurs plaisirs, ils en jouiront d'autant mieux qu'ils auront la conscience d'avoir contribué au bien commun ; s'ils n'aiment point la République par opinion, qu'ils apprennent du moins à la connaître, ils apprendront en même temps à l'aimer.

Alors il n'y aura plus d'aristocrates; tous les hommes seront frères; les personnes et les propriétés seront respectées, il n'y aura plus ni contre-révolution ni contre-révolutionnaires, et chacun aura pour devise ces trois mots divins que la République a fait graver sur nos édifices publics :

LIBERTÉ, ÉGALITÉ, FRATERNITÉ.

Paris, le 29 mars 1848.

Typ. de H. Vrayet de Surcy et Cie, rue de Sèvres, 37.